Sicher ist sicher. Bei aller Sorgfalt, die wir in der Recherche haben walten lassen, können sich Öffnungszeiten auch einmal kurzfristig ändern, oder ein Lokal ist gerade an Ihrem perfekten Salzburg-Wochenende ausgebucht oder geschlossen. Darum empfehlen wir, grundsätzlich möglichst weit im Voraus zu reservieren. Ein kurzer Anruf genügt, und Sie können sicher sein, zur vereinbarten Zeit einen Platz zu finden.

© Süddeutsche Zeitung GmbH, München
für die Süddeutsche Zeitung Edition
in Kooperation mit smart-travelling GbR, Berlin
Reihe „Ein perfektes Wochenende ..."

Idee und Redaktion: Nancy Bachmann, Nicola Bramigk
Projektleitung: Sabine Sternagel
Texte: Nancy Bachmann
Fotos: Katharina Gossow
Umschlaggestaltung: Rahel Streiff
Art Direktion: Rahel Streiff, Cindy Bachmann
Illustration: Rahel Streiff
Produktion: Sibylle Schug
Herstellung: Thekla Licht, Hermann Weixler
Druck und Bindung: optimal media GmbH, Röbel/Müritz
ISBN: 978-3-86615-766-8

4. aktualisierte Auflage, 2018

SMART
TRAVELLING

EIN PERFEKTES WOCHENENDE ...
SALZBURG

Hotel: Arthotel Blaue Gans
Getreidegasse 41-43, Altstadt
Tel: +43 (0)662 8424910
Seite 8

Hotel: Hotel & Villa Auersperg
Auerspergstraße 61, Neustadt
Tel: +43 (0)662 889440
Seite 16

Restaurant: Gasthof Schloss Aigen
Schwarzenbergpromenade 37, Aigen
Tel: +43 (0)664 4081515
Seite 22

Restaurant: Maier's
Steingasse 61, Rechte Altstadt
Tel: +43 (0)662 879379
Seite 30

Restaurant: Magazin
Augustinergasse 13, Mülln
Tel: +43 (0)662 8415840
Seite 36

Restaurant: Zum Fidelen Affen
Priesterhausgasse 8, Neustadt
Tel: +43 (0)662 877361
Seite 46

Restaurant: Augustiner Bräustübl
Lindhofstraße 7, Mülln
 Tel: +43 (0)662 431246
Seite 50

Restaurant: M32
Mönchsberg 32, Mönchsberg
Tel: +43 (0)662 841000
Seite 56

Café: Café Bazar
Schwarzstraße 3, Rechte Altstadt
Tel: +43 (0)662 874278
Seite 64

Bar: Gastlokal Fridrich
Steingasse 15, Rechte Altstadt
Tel: +43 (0)662 876218
Seite 76

Shop: Café Konditorei Fürst
Alter Markt/Brodgasse 13, Altstadt
Tel: +43 (0)662 8437590
Seite 82

Gut zu wissen
Tipps, Ausflüge, Spaziergänge
Seite 89

SALZBURG VERZAUBERT

Mit barocken Kirchen, glanzvollen Schlössern und umgeben von zwei eindrucksvollen Hausbergen, empfängt den Besucher in Salzburg eine grandiose Kulisse – ob man nun durch die prominente Getreidegasse zum Alten Markt spaziert oder vom Mönchsberg auf sie hinunterblickt. Hier möchte man nicht nur zuschauen, sondern höchstpersönlich mitspielen: bei einem Besuch auf dem legendären Grünmarkt am Samstag, wo die Salzburger ihre Tracht zeigen und anschließend in der traditionsreichen Schatz-Konditorei eine Cremeschnitte essen. Oder wenn sie entlang der hellblauen Salzach raus zum Lustschloss Hellbrunn radeln, durch unberührte Natur und vor einem imposanten Alpenpanorama. Und sich dann wieder gestärkt ins Festspiel-Leben stürzen, bei dem schon nachmittags im Autobus Abendgarderobe getragen wird.

Die Mozartstadt ist von hochfürstlich bis urban so wunderbar kontrastreich wie der Salzburger selbst. Heimatverbunden, aber weltoffen, bodenständig – und dabei ein wahrer Feinschmecker. Nirgendwo sonst gibt es so viele Haubenköche auf einem Fleck.

In Salzburg lebt es sich einfach gut, soll das 21. Jahrhundert sich doch anderswo abmühen. Hier huscht stattdessen ab und zu eine Pferdekutsche durchs Bild, meckern Gämsen am Fuße des Kapuzinerbergs, umgarnt der Herr die Dame mit Salzburger Schmäh – und die Stadt den Besucher mit unwiderstehlichem Charme.

ARTHOTEL BLAUE GANS

Wer in der Blauen Gans eincheckt, den empfängt ein kunstvolles Miteinander aus Tradition und Moderne. Hotelier und Kunstliebhaber Andreas Gfrerer wollte einfach mehr, als nur Zimmer zu vermieten, als er die Blaue Gans 2001 übernahm. Und so haben die historischen Mauern des ältesten Gasthauses der Getreidegasse nicht nur durch den Wiener Architekten Christian Prasser einen neuen Look bekommen. Die eher kleinen Räume mit niedrigen Decken und unregelmäßigem Putz stattete er mit modernen Möbeln und Stoffen vom Salzburger Heimatwerk aus, und Hotelier Gfrerer hängte seine Lieblingskunst dazu. Über 90 Unikate sind im Haus verteilt, von Joseph Beuys über Rosemarie Trockel zu David Moises' „Vertigo – Taking off"-Rakete, die zum Start der Salzburger Festspiele 2008 gezündet wurde und jetzt im Innenhof der Blauen Gans eine neue Heimat gefunden hat. Alle Arbeiten sind käuflich, und so wirkt das Haus wie eine bewohnbare Ausstellung, die sich stetig verändert. Musiker, Künstler und Journalisten lieben die unaufgeregte Atmosphäre in der Blauen Gans nicht nur während der Festspiele. Und die Salzburger selbst genießen das entspannt urbane Flair bei Drinks und Snacks, ganz unkompliziert und mit ihren Freunden.

2012 hat Gfrerer in seinem „kunstGASThaus" noch eins draufgesetzt mit 18 weiteren Zimmern, Lesestube, Massageraum, Kräutergarten und seiner „Welt der schönen Dinge", die man im Designshop „Stillsegler" kaufen kann.

Arthotel Blaue Gans Adresse: Getreidegasse 41–43, Altstadt
Tel: +43 (0)662 8424910 Email: office@blauegans.at
Internet: www.blauegans.at Preise: DZ ab 139 – 329 Euro inkl. Frühstück

Ein Gespräch mit Andreas Gfrerer

Besitzer des Arthotels Blaue Gans

Welche Ihrer Kunstwerke lieben Sie besonders?

Sofia Goscinskis Arbeit „Disorders", die aus 38 beschrifteten Holztafeln besteht, von Störungen wie „Panic Disorder" oder „Social Phobia" erzählt – und die 39. bin ich selbst. Denn jedes Mal, wenn ich an ihnen vorbeigehe, kann ich mich nicht beherrschen und rücke die manchmal leicht schief hängenden Werke wieder gerade.

Aber Ihr Haus ist ja weit mehr als eine Galerie, Sie veranstalten auch einen Kunstsalon.

Genau. Es ist mir wichtig, Menschen auf unverbindliche Weise zusammenzubringen, sie zusammenrücken zu lassen und gemeinsam auf Reise zu gehen. Intellektuelles Karaoke nennen wir, was bei unseren Gänsehaut-Salons passiert, ob es nun um Malerei, Musik oder Wein geht oder wir unseren „Interview-Marathon zu ungelesen Büchern" veranstalten.

Auch während der Festspielzeit ist die Blaue Gans der perfekte Ort.

Nicht nur, dass unser Haus randvoll mit Gästen und Künstlern ist, die Lage ist natürlich auch ideal. Denn während der Festspiele sollte man unbedingt mitten in der Altstadt wohnen und das besondere Flair genießen. Nach der Vorstellung sollte man ein Glasl nehmen oder was Kleines essen und dann auf kurzem Wege nach Hause.

Welche drei Dinge kann man nirgendwo auf der Welt besser tun als in Salzburg?

Ein unglaublich gutes Leben führen, umgeben von Seen, Bergen und dem gastronomischen und kulturellen Angebot. Außerdem kann man nirgends besser über Verkehrspolitik und die Zukunft der Salzburger Festspiele streiten. Und unübertroffen: tagsüber auf fast 2.000 Meter Ski fahren und abends ganz entspannt in ein Konzert gehen.

☞ Restaurant Blaue Gans

Das Restaurant Blaue Gans ist mit seinen 650 Jahren nicht nur das älteste Gasthaus der Stadt, sondern genauso lange auch schon ein beliebter Treffpunkt der Salzburger. Sie genießen dort Wiener Schnitzel, Tafelspitz und Fisch aus den Bächen der Umgebung, der so frisch geliefert wird, dass man ihn erst am nächsten Tag zubereiten kann. Am Samstagmittag hingegen kommen die Einheimischen nach dem Besuch des Grünmarkts und am liebsten auf das legendäre Backhendl vorbei. Am besten isst es sich auf der grün umrankten Terrasse am Herbert-von-Karajan-Platz. Ein wunderbarer Rückzugsort vom hektischen Treiben.

Öffnungszeiten: Montag – Samstag 12.00 – 1.00 Uhr, Sonntag geschlossen

AUERSPERG

HOTEL & VILLA AUERSPERG

Im Auersperg kann der Gast beides – mitten in der Stadt sein und sich wunderbar erholen. Das charmante Stadthotel liegt nicht weit vom Mirabellgarten, der Linzer Gasse und dem Kapuzinerberg entfernt – und 2009 ist die geschmackvoll renovierte Gründerzeitvilla gleich nebenan dazugekommen. Die Einrichtung im Haupthaus ist eher klassisch gediegen, in der Villa schlicht modern. Durch beide Häuser aber weht die herzliche Gastfreundschaft und familiäre Atmosphäre, die der Hausherrin Bettina Wiesinger so wichtig ist. In der dritten Generation hat sie das Haus von ihrer Großmutter übernommen und verwöhnt den Gast mit einem Team aus Freunden auf sehr persönliche Art. Der Willkommensgruß ist handgeschrieben, die Marmelade hausgemacht und die Kissen selbst genäht. Alles in höchster Qualität, denn schließlich herrscht im Auersperg die Philosophie, dass jeder das tut, was er am besten kann. Zum Beispiel das ausgesuchte Frühstücksbuffet zusammenzustellen, zu dem auch Schafsjoghurt vom Wolfgangsee und frisch gepresster Karottensaft gehören. Den Nachmittag über kann man ganz wunderbar im idyllischen Garten entspannen und am Abend hoch oben auf dem Dach und mit herrlichem Blick über die Stadt saunieren.

Hotel & Villa Auersperg Adresse: Auerspergstraße 61, Neustadt
Tel: +43 (0)662 889440 Email: info@auersperg.at
Internet: www.auersperg.at Preise: DZ 155 – 200 Euro inkl. Frühstück

GASTHOF SCHLOSS AIGEN

Die Küche des Gasthofs Schloss Aigen ist berühmt für ihre Rindfleischspezialitäten. Die Rindssuppe mit einem Einlagenpotpourri aus Grießnockerl, Frittaten und Leberknödel ist ein Klassiker des Hauses, und mit der „Wiener Melange", die hier nichts mit Kaffee zu tun hat, können Sie sich von der Schulter bis zum Scherzel gleich durch drei verschiedene Rindfleischsorten kosten. Alles in Bioqualität vom Pinzgauer Naturrind – und wirklich besonders: Von allem gibt es auf Wunsch einen Nachschlag. Für weniger große Fleischliebhaber steht Köstliches aus Salzburger Gewässern und Gärten auf der Speisekarte – und dazu können Sie aus mehr als 90 österreichischen Weinen wählen. Lassen Sie jedoch unbedingt noch etwas Platz für die Nachspeisen, die vom Himbeertopfenschmarrn bis zum Feigensorbet genauso einzigartig wie köstlich sind. Der Gasthof, der in ländlicher Idylle zwischen Schloss und Kirche liegt, ist vor allem bei Einheimischen beliebt. Von der Familie Berger lassen Sie sich vorzugsweise sonntags kulinarisch verwöhnen – entweder vorm Kachelofen in der gemütlichen Stube oder unter Schatten spendenden Kastanienbäumen im Gastgarten.

Tipp: Lassen Sie es sich nicht entgehen, den wunderschönen Weg zum Schloss in Ruhe zu genießen. Wenn Sie mit dem Taxi kommen, steigen Sie am Anfang der Allee aus und gehen die letzten Meter zu Fuß.

Gasthof Schloss Aigen Adresse: Schwarzenbergpromenade 37, Aigen
Tel: 0043 (0)664 4081515 Internet: www.schloss-aigen.at Öffnungszeiten:
Donnerstag und Freitag 11.30 – 14.00 Uhr und 17.30 – 21.30 Uhr,
Samstag und Sonntag sowie Feiertage ab 11.30 durchgehend,
Montag und Mittwoch geschlossen

Rinderconsommé mit Grießnockerl

6 Personen

Die Rinderknochen im kochenden Wasser ½ Min. kochen und sofort kalt abschrecken. Rinderknochen mit kaltem Wasser langsam zum Kochen bringen, eine Std. leicht köcheln lassen. Danach das Fleisch und das Gemüse dazugeben. Immer wieder die Trübstoffe abschöpfen. Circa 2 ½ Std. köcheln lassen und zum Schluss die Gewürze dazugeben. Wenn das Fleisch weich ist, herausnehmen und in kaltes Wasser hineingeben. Die Suppe fein abpassieren und mit Salz und Pfeffer abschmecken.

Für die Nockerl:
Butter schaumig schlagen. Die Eier trennen, Eigelb unter die Butter rühren. Eiweiß kurz anschlagen und in die Butter-Eigelb-Mischung geben. Mit Salz und Muskat würzen und den Grieß untermischen. 10 Min. kalt stellen.
Von der Masse mit zwei Löffeln, die immer wieder in warmes Wasser getaucht werden, Nockerl abstechen. Diese auf ein gebuttertes Pergamentpapier setzen und erneut 10 Min. kühlen.
Reichlich Wasser mit Salz aufkochen, die Nockerl hineingleiten lassen und einmal aufkochen. Dann das Eis zufügen und

Für die Suppe:
1 kg Rinderknochen
3 l Wasser
200 g Fleisch zum Sieden
2 Schalotten gewürfelt
je 50 g Karotten, Lauch, Knollen- und Stangensellerie gewürfelt
2 kl. gelbe Zwiebeln mit Schale
3 Zweige Liebstöckel, 3 Zweige Rosmarin
3 Pfefferkörner, 3 Wacholderbeeren, 1 Lorbeerblatt
2 St. Muskatblüte

Für die Grießnockerl:
100 g Butter
2 mittelgroße Eier
Salz, geriebener Muskat
200 g Hartweizengrieß
1 Handvoll Eiswürfel

zugedeckt 20 Min. ziehen lassen.

Für die Gemüse-Einlage:
Das Gemüse in sprudelnd kochendem Salzwasser bissfest kochen, in Eiswasser abschrecken und abtropfen. Den Schnittlauch fein schneiden.

Anrichten:
Nockerl abtropfen lassen und samt Gemüse in die vorgewärmten Suppentassen verteilen. Mit der heißen Brühe aufgießen und Schnittlauch darüberstreuen.

Für die Gemüseeinlage:
½ Karotte in Streifen
½ Rübe in Streifen
100 g Stangensellerie in Streifen
50 g Schnittlauch fein geschnitten

maier s

MAIER'S

Nach 24 Jahren als Croupier im Salzburger Casino hat Karl Maier sich seinen Lebenstraum erfüllt. Mit einem eigenen Restaurant mit ausgesuchter saisonaler Küche – und in Familienhand. Während er mit seiner Frau Susanne serviert, zaubert Köchin Regine in der Miniküche ein feines Angebot, das jeweils zum Wochenanfang auf eine Schiefertafel geschrieben wird. Gerade mal fünf Vorspeisen und drei Hauptgerichte sind darauf zu finden, vom handgeschnittenen Carpaccio über Tatar zu Lachsforellenfilet mit Safran-Belugalinsen – das Brot ist selbst gebacken und die Produkte marktfrisch. Stammgäste schwören auf die Steaks, die als Filet, Rib-Eye oder Entrecote und in 50-Gramm-Schritten bestellt werden können. Scheuen Sie sich nicht, danach zu fragen. Sie sind ein Geheimtipp des Maier's – wie das noch junge Restaurant selbst, dessen Qualität sich allerdings schnell herumspricht. Mittags lädt eine kleine Bistrokarte zum gemütlichen Zwischenstopp an karierten Tischdecken ein. Abends flackern in dem alten Gewölbe, das direkt in den Felsen des Kapuzinerbergs gebaut ist, auf weiß eingedeckten Tischen Kerzen. Die sind längst runtergebrannt, wenn man nach einem romantischen Abend bei ausgewählten Speisen und einem sehr persönlichen Weinangebot wieder hinaus in die Steingasse tritt. Mittags und in lauen Sommernächten kann man hier sehr schön draußen sitzen.

Maier's Adresse: Steingasse 61, Rechte Altstadt
Tel: +43 (0)662 879379 Internet: http://www.maiers-salzburg.at
Öffnungszeiten: Dienstag – Samstag 18.00 – 22.00 Uhr (Küche),
Sonntag und Montag geschlossen

Kipferlschmarrn

6 Personen

Die Kipferl blättrig schneiden, mit Mehl, Schlagobers und Eidotter vermengen. Zimt und Rum dazugeben.

Den Backofen auf 180 Grad vorheizen.

Das Eiklar mit dem Zucker zu festem Schnee schlagen und löffelweise unter die Kipferlmasse heben.

In einer gefetteten Form 25 Min. backen. Den Schmarrn mit zwei Gabeln zerpflücken und mit Pflaumenkompott servieren.

250 g Kipferl (Croissant oder Brioche, gern auch schon 1–2 Tage alt)
4 EL griffiges Mehl
200 ml Schlagobers
7 Eier
2 Messerspitzen Zimt
1 EL Rum
200 g Kristallzucker

MAGAZIN

Betritt man das kleine Häuschen in der Augustinergasse, eröffnet sich ein unendlich scheinendes Paradies für gutes Essen und Trinken. In einem Stollen des imposanten Mönchsbergs sind hier Restaurant, Weinbar, Feinkostladen und Kochschule so raffiniert hineingebaut, dass der Gast vom Innenhof aus in jeden Teil des lebendigen Gourmet-Kosmos Einblick nehmen kann. Von der Weinverkostung in der Vinothek zur Feinkosttheke, an der Schinken geschnitten wird, vom Restaurant ins Magazin und vom Garten in die Küche.

Claudia und Raimund Katterbauer sind Inhaber aus Leidenschaft, die anbieten, was ihnen am besten schmeckt – eine Mischung aus österreichischen Klassikern und ihren internationalen Lieblingsgerichten. Stadtbekannt sind sie für ihr Beef Tatar, gefeiert werden ihre Gänselebervariationen. Das „Quer durchs Magazin" 4-Gänge-Menü ist deshalb die beste Art, sich durch die zahlreichen Köstlichkeiten zu probieren. Und das können Sie gerne in Jeans und T-Shirt tun, denn trotz Michelin-Stern und zwei Hauben: Es geht im Magazin alles andere als steif zu – und das zu jeder Tageszeit, denn die Küche ist durchgehend geöffnet.

Magazin Adresse: Augustinergasse 13, Mülln Tel: +43 (0)662 8415840
Internet: www.magazin.co.at Öffnungszeiten: Montag – Samstag
10.00 – 24.00 Uhr, Sonntag geschlossen

Ein Gespräch mit Claudia Katterbauer

Inhaberin vom Magazin

Das Magazin ist ein Ort für kosmopolitische Genussmenschen und wegweisende Food-Konzepte. Wie kamen Sie auf die Idee?

Ich wollte immer schon etwas neben den Kindern zu tun haben und habe mit meinen Freundinnen ein kleines Catering gestartet. Erst von zu Hause aus, aber es wurde dann immer größer, und so war ich auf der Suche nach einem kleinen Haus mit Küche. Sechs Jahre ist das nun schon her, und unsere Freunde haben damals nur mit dem Kopf geschüttelt, als ich ihnen das völlig heruntergekommene Objekt hier im Stollen gezeigt habe.

Sie sind dennoch nicht zurückgeschreckt, ganz im Gegenteil, Sie haben die Messlatte in Sachen Qualität noch höher gelegt.

Wenn man einmal mit dem Besten infiziert ist, dann kann man nicht mehr zurück. Selbst unsere Urlaube planen wir nur nach der Kulinarik. Bevor wir mit dem Feinkostgeschäft angefangen haben, sind wir auf der Suche nach den besten Delikatessen und Produkten über ein Jahr durch Europas Metropolen gereist. Mein schönster Besuch war im Café-Bar-Restaurant Bluebird in London. Das ist dann irgendwie zum Vorbild geworden.

Neben Weinverkostungen und Kochkursen bieten Sie das „Corporate Cooking" an. Was kann man sich denn darunter vorstellen?

Mit der Kochschürze um die Hüfte und beim gemeinsamen Köcheln am Herd wird die Teambildung effizient, und Kundenbeziehungen werden perfektioniert. Das Gute ist: In der Küche grenzt man niemanden aus. Wenn der Chef Gemüse putzt und die Sekretärin das Pesto mörsert, findet man ganz ungezwungen zueinander.

☞ Magazin Feinkostladen

Der Feinkostladen ist die erste Adresse für alle, die nur das Beste wollen. Hier finden Foodies österreichische und mediterrane Köstlichkeiten, die von gut gereiften Käsen, feinen Salami- und Schinkenspezialitäten, Antipasti, Ölen und selbst gemachten Saucen bis zu Kaffee und Schokoladen reichen und von Küchenhelfern und Kochbüchern ergänzt werden. Claudia Katterbauers Anspruch ist es, alles zu verkaufen, was auch im Restaurant auf dem Tisch steht: vom Meersalz bis zum Töpfchen, in dem es aufbewahrt wird. In der Vinothek lagern für den Weinliebhaber zudem über 800 Weinsorten mit Schwerpunkt auf österreichischen Reben.

Öffnungszeiten: Montag – Samstag 10.00 – 24.00 Uhr, Sonntag geschlossen

Rindsbackerl

2 Portionen

Die Rindsbackerl putzen, mit Salz und Pfeffer würzen und in Öl in einem breiten Topf anbraten. Anschließend herausnehmen.

Gemüse würfelig schneiden und im Topf anbraten, Tomatenmark kurz mitrösten und mit dem Portwein ablöschen. Mit Gemüsefond aufgießen.

Rindsbackerl einlegen und mit den Gewürzen circa 3 Std. bei mittlerer Hitze weich schmoren.

Fertig gegarte (weiche) Rindsbackerl herausnehmen und restlichen Fond reduzieren, bis es eine dickflüssige Sauce ist. Dazu passt sehr gut ein Selleriepüree.

2 Rindsbackerl
2 Karotten
½ Sellerie
2 Zwiebeln
1 EL Tomatenmark
½ EL roter Portwein
1 l Gemüsefond
Lorbeerblatt, Pfeffer,
Wacholderbeeren

ZUM FIDELEN AFFEN

Sie haben Lust auf einen geselligen Abend unter Salzburgern? Dann sind Sie im Fidelen Affen genau richtig. Sie sollten sich allerdings nicht scheuen, Ihren Tisch zu teilen, denn das urgemütliche Gasthaus ist meistens voll und das Zusammensitzen selbstverständlich. Statt Musik schwirren Stimmen und gute Stimmung durch das Gewölbe, was auch an dem Besitzer Robert Maurer liegt, der entweder Bier zapft, serviert oder mit seinen Gästen plaudert. Es wundert nicht, dass für ihn das schönste Kompliment ist, wenn jeder den Affen glücklich und satt verlässt. Dafür sorgen das Bier der Salzburger Brauerei Trumer und Affenklassiker wie Spinatknödel, Lammhaxe und Kürbiskernparfait – und auch Maurers gesunder Humor. Auf die Frage, wie es denn zu dem ungewöhnlichen Namen „Fideler Affe" gekommen sei, lacht er nur: „Schauen Sie mich doch an."

Im Sommer können Sie die Spezialitäten auch im hauseigenen Gastgarten genießen, in dem es genauso umtriebig zugeht.

Zum Fidelen Affen Adresse: Priesterhausgasse 8, Neustadt
Tel: +43 (0)662 877361 Internet: www.fideleraffe.at
Öffnungszeiten: Montag – Freitag 12.30 – 14.30 (warme Küche bis 14.00 Uhr),
17.00 – 24.00 Uhr (warme Küche bis 23.00 Uhr), Sonntag geschlossen

AUGUSTINER BRÄUSTÜBL

Es hat nicht nur einen der schönsten und ältesten Biergärten Salzburgs, in dem einstigen Kloster wird auch noch ganz traditionell nach gut gehütetem Rezept gebraut. Im Sommer gibt es nichts Erholsameres, als unter uralten Kastanienbäumen zu sitzen und sich mit einem kühlen süffigen Augustiner zu erfrischen. Nach altem Biergarten-Recht darf man sich dazu sogar seine eigene Jause mitbringen. Doch an den Buden gibt es auch alles, was zu dem Bier hervorragend passt: schwarzer und weißer Radi vom Bauern, saftiger Steckerlfisch, knuspriges Grillhenderl, Brez'n und Sardellenbutter.

Für den perfekt kühlen Bier-Genuss sollten Sie es wie die Stammgäste machen und den Steinkrug vorher mit eiskaltem Wasser ausspülen. Gleich 93 Tische sind für sie reserviert, man kann sie an ihren Schildern erkennen. Eine ungewöhnlich hohe Zahl, denn schließlich muss man als Stammgast mindestens einmal im Monat vorbeischauen. Doch das ist nicht schwer, bei den gemütlichen Klostersälen, von denen Saal Nr. 1 am beeindruckendsten ist. Zu ihm gelangt man durch den Schmankerlgang, in dem wie in einer alten Markthalle kleine Köstlichkeiten angeboten werden.

Tipp: Der schönste Weg, zum Augustiner Bräustübl zu gelangen, führt zu Fuß über den Mönchsberg und lässt sich gut mit einem Besuch in der prachtvoll ausgestatteten Müllner Kirche verbinden.

Augustiner Bräustübl Adresse: Lindhofstraße 7, Mülln
Tel: +43 (0)662 431246 Internet: www.augustinerbier.at Öffnungszeiten:
Montag – Freitag 15.00 – 23.00 Uhr, Samstag und Sonntag 14.30 – 23.00 Uhr

Alles für Ihre
Familien od.
Firmenfeier

im
Müllner-Bräu

Käse & Aufstriche Orig.

☞ Das Augustiner Bier

Das Augustiner Bier wird in guter, alter Brautradition nach dem Reinheitsgebot von 1516 aus Malz, Mönchsbergwasser und Hefe handwerklich gebraut und in typischen Holzfässern gelagert. Das klassische Bräustübl-Bier, auch „Märzenbier" genannt, trinkt man ganzjährig, und je nach Biersaison wird Fastenbier (von Aschermittwoch bis Ostern) und Weihnachts-Bockbier (November und Dezember) ausgeschenkt.

M32

„Salzburg kann nicht nur Mozart sein, es muss auch ein zeitgenössisches Salzburg geben." Mit diesem Statement bewarb sich Sepp Schellhorn für die Ausschreibung des Restaurants im Museum der Moderne – und gewann. Das M32 bietet vom Mönchsberg aus nicht nur den schönsten Blick auf Salzburg, sondern auch den entspanntesten. Während sich unten die Massen durch die Getreidegasse schieben, blickt man in aller Ruhe auf sie hinab. Im Sommer findet das Leben hauptsächlich auf der weitläufigen Terrasse statt. Unter großen Sonnenschirmen werden mediterrane Speisen mit Bodenhaftung serviert. Auch wenn Schellhorn nicht wie im Seehof in Goldegg selbst hinter dem Herd steht, merkt man den auf den Punkt gebrachten Gerichten seine Handschrift an. Das M32 ist den ganzen Tag über eine gute Wahl. Vom Frühstück, das bis 16.00 Uhr serviert wird, bis zum mitternächtlichen Drink mit Blick auf das beleuchtete Salzburg. Lässig geht es dabei durchgängig zu, was nicht nur an der Lounge-Musik, sondern auch an dem modernen Interieurdesign von Matteo Thun liegt. Unter Hirschgeweihen und auf buntem Leder genießt man die wunderbare Aussicht. Nicht überraschend, dass die Fensterplätze und die Tische in der ersten Reihe der Terrasse sehr begehrt sind. Tipp: Reservieren Sie draußen den Ecktisch 97!

M32 Adresse: Mönchsberg 32, Mönchsberg Tel: +43 (0)662 841000
Internet: www.m32.at Öffnungszeiten: Dienstag – Sonntag 9.00 – 1.00 Uhr,
Montag geschlossen, während der Festspiele täglich 9.00 – 1.00 Uhr

Ein Gespräch mit Sepp Schellhorn

Besitzer des M32 und Haubenkoch im Seehof Goldegg

Wollten Sie die Salzburger mit so viel Moderne schockieren?

Für die Salzburger ist das M32 tatsächlich fast zu modern, aber für mich war es höchste Zeit. Dabei war es anfangs nur ein Sport, sich zu bewerben. Jetzt ist es vor allen Dingen ein großer Spaß. Es kommen viele Touristen, und während der Festspiele ist es ein Hotspot.

Mittags sind Sie im M32, abends kochen Sie im Seehof in Goldegg. Ist das ein schwieriger Spagat?

Ganz im Gegenteil. Ich brauche es förmlich, den Schalter umzulegen. Tagsüber habe ich das Leben der Stadt, abends stehe ich in unserem Familienunternehmen hinter dem Herd. Für mich die perfekte Kombination aus Moderne und Tradition.

Inspiriert Sie diese Abwechslung auch beim Kochen?

Mir ist es sehr wichtig, nicht stehenzubleiben und mich stetig weiterzuentwickeln. Dazu gehört für mich auch, in meinen Kreationen immer mehr weg vom Überzogenen hin zu mehr Unaufgeregtheit zu kommen.

Wonach sehnen Sie sich, wenn Sie länger nicht in Salzburg waren?

Auf jeden Fall nach einem Glas Sauvignon Blanc im Fridrich, am besten gleich um 18.00 Uhr, und dazu Krautfleckerl und Weltklassemusik.

☞ Museum der Moderne

2004 wurde, neben dem Rupertinum in der Altstadt, das zweite Haus des Salzburger Museums der Moderne eröffnet. Auf vier Etagen und mit wunderschönem Blick ins Tal wird hier moderne Kunst in genauso modernem Rahmen gezeigt. Neben der Sammlung, die von Gustav Klimt zu Gelatin reicht, gibt es wechselnde Sonderausstellungen.

Tipp: das Museumspaket „KunstGenuss" für 12,50 Euro. Es enthält den Museumseintritt, die Berg- und Talfahrt mit dem Mönchsberglift und ein Kunstfrühstück oder -snack im M32.

Adresse: Mönchsberg 32, Tel: +43 (0)662 842220403
Internet: www.museumdermoderne.at, Öffnungszeiten: Dienstag – Sonntag 10.00 – 18.00 Uhr, Mittwoch bis 20.00 Uhr, Montag geschlossen

CAFÉ BAZAR

Alle Wege führen ins Café Bazar – und das gleich mehrmals am Tag. Nicht nur wegen der schönen Sommerterrasse direkt an der Salzach, von der aus man auf das andere Flussufer blickt, wo das Stadttreiben wie in Zeitlupe vorbeizieht. Hier lässt sich der Tag mit einer Marillensemmel oder mit Eiern im Glas und einer Tasse Melange dazu kaum besser beginnen. Aber auch zwischendurch verführen Bazarklassiker wie Rindssuppe mit Frittaten, gratinierte Schinkenfleckerl oder hausgemachter Topfenstrudel immer wieder zur Rückkehr. Auf gute österreichische Produkte direkt vom Bauern legt Familie Brandstätter genauso viel Wert wie auf die persönliche Bedienung der Gäste. Dank der behutsamen Renovierung 2002 zieht noch immer das Flair vergangener Zeiten durch die Räume des Kaffeehauses, dessen Stammgäste sich Bazarianer nennen und über die gesagt wird, dass sie ihren kleinen Braunen so lange auf der Terrasse nehmen, bis der erste Schnee fällt. Auch Marlene Dietrich hat ihren hier getrunken, ebenso Thomas Bernhard, und bis heute treffen sich im Bazar Künstler und Denker. Mit den Uhrzeiten und den Stammgästen wechseln auch die Stimmungen, und so kann man von diesem Ort gar nicht genug bekommen.

Café Bazar Adresse: Schwarzstraße 3, nahe der Staatsbrücke, Rechte Altstadt
Tel: +43 (0)662 874278 Internet: www.cafe-bazar.at
Öffnungszeiten: Montag – Samstag 7.30 – 19.30 Uhr, Sonntag 9.00 – 18.00 Uhr

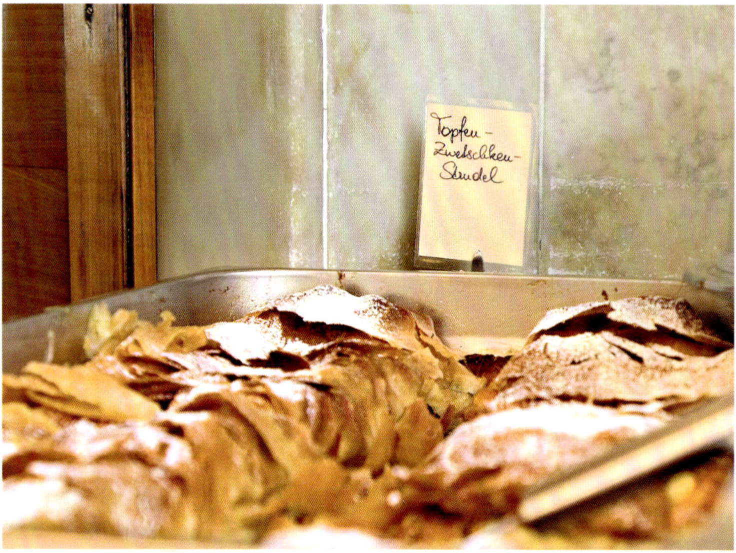
Topfen -
Zwetschken -
Strudel

CAFE
Heute
Gemüsecrème-
Suppe 4.00
Erdäpfel-Kürbis-
auflauf mit
Salat 7.80
BAZAR

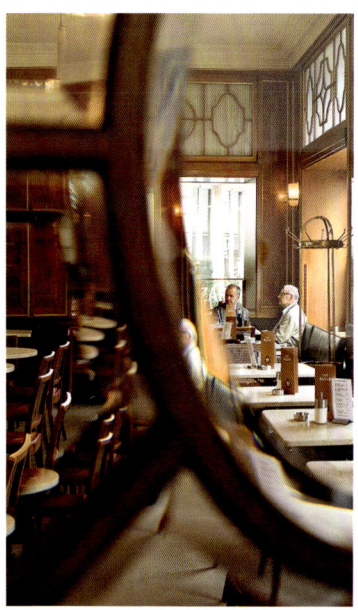

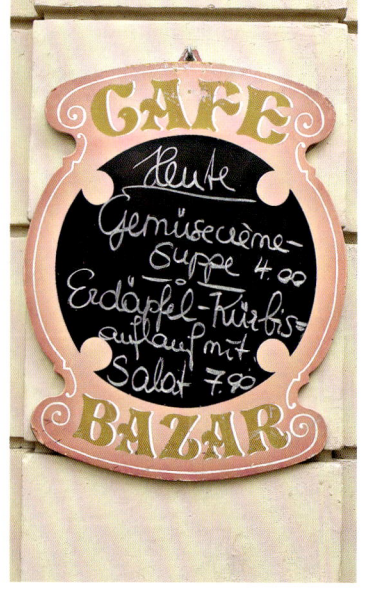

☞ Café Tomaselli

Im ältesten Kaffeehaus Österreichs von 1705 werden die Mehlspeisen noch auf silbernen Tabletts und von Kuchenmädchen in weißen Schürzen direkt am Tisch serviert. Wenn Sie das Tomaselli in seiner Ursprünglichkeit erleben möchten, kommen Sie am besten gleich morgens, wenn die Salzburger dort noch unter sich sind und das Kaffeehaus langsam erwacht. Vereinzelt sitzen Stammgäste an ihren Marmortischen und rascheln mit den Zeitungen, die Kuchenmädchen füllen die Vitrinen, und aus der Backstube weht ein süßer Duft durch die Räume.

Draußen ist es besonders schön unter den grün-weiß gestreiften Sonnenschirmen im ersten Stock und unter den Kastanien im „Pavillon", durch den an heißen Tagen ein leichtes Lüftchen weht. Eine Oase direkt am geschäftigen Alten Markt.

Adresse: Alter Markt 9, Altstadt
Tel: +43 (0)662 8444880, Internet: www.tomaselli.at
Öffnungszeiten: Montag – Samstag 7.00 – 19.00 Uhr,
Sonntag 8.00 – 19.00 Uhr, Festspielzeit: Montag – Samstag 7.00 – 21.00 Uhr
Sonntag/Feiertage 8.00 – 21.00 Uhr
Hinweis: Kartenzahlung nicht möglich

☞ Schatz Konditorei

Die besten Mehlspeisen in der Altstadt findet man in der Schatz Konditorei. Schon frühmorgens weht der herrlich süße Duft aus der Backstube des Familienbetriebs im ersten Stock durch das Getreidegassen-Durchhaus. Betritt man das kleine Café, das seit über 30 Jahren mit der Leidenschaft von Helene und Erich Winkler und deren beiden Töchtern geführt wird, umfängt einen sofort seine Biedermeier-Atmosphäre. Man kann sich beim Anblick der vielen Köstlichkeiten vom Nussstangerl über die Cremeschnitte bis hin zur Sachertorte oder den Schatz-Mozart-Kugeln gar nicht satt sehen, geschweige denn für etwas entscheiden.

Adresse: Getreidegasse 3, Tel: +43 (0)662 842792
Internet: www.schatz-konditorei.at
Öffnungszeiten: Montag – Freitag 8:30 Uhr – 18:30 Uhr,
Samstag 8:00 Uhr – 17:00 Uhr

Mozart
Kugeln
Dessert
Torten
Konditorei
Schatz

SCHATZ
CREMESCHNITTE
APFEL-
STRUDEL
HIMBEERBAISER
SCHNITTE

FRIDRICH

GASTLOKAL FRIDRICH

Im Fridrich können die Nächte lang werden. Auch wenn Sie eigentlich nur auf den legendären Aperitif „1986" vorbeischauen wollten, ist es nicht ungewöhnlich, dass Sie den Abend in der kleinen feinen Bar nicht nur einläuten, sondern auch gleich dort verbringen. Das liegt vor allem an den charmanten Gastgebern Bernd Friedrich und Ferdinand Hodits, die ihre Gäste mit österreichischen Weinen kleiner Winzer verwöhnen, die Friedrich alle persönlich kennt. Genauso auserwählt sind die kleinen Snacks wie die Krautfleckerl Tante Jolesch, die heißen steirischen Maroni oder „Von allem", eine Variation aus Salami, Schinken und Salzburger Grana. Dazu weht durch das ehemalige Knopferl-Geschäft Weltklassemusik aus der hauseigenen Plattensammlung, die auf Atmosphäre, Uhrzeit und Gäste abgestimmt wird. Die abgegriffenen Cover versprühen nicht nur ihren ganz eigenen Charme, sondern erzählen auch von vielen langen Nächten in dieser ganz besonderen Bar. Eigentlich möchte man sie gar nicht verlassen, aber im Sommer sitzt es sich auch ganz lauschig vor der Tür, wenn Tische in die schmale Steingasse gestellt werden.

Gastlokal Fridrich Adresse: Steingasse 15, Rechte Altstadt
Tel: +43 (0)662 876218 Internet: www.gastlokal-fridrich.at
Öffnungszeiten: Donnerstag – Dienstag ab 18.00 Uhr, Mittwoch geschlossen
außer zur Festpielzeit, Gartenbetrieb (im Sommer) bis Mitternacht

☞ Lieblings-Drinks

SRPSKI O.

Die serbische Antwort auf Tequila. Eiskalter Wodka in gekühlten Gläsern mit einem Stück Paradeiser (Tomate) und Chili-Fäden. Entstanden durch die serbische Familie, die seit 20 Jahren das Lokal putzt und nach einem Besuch in der Heimat serbische Tomaten von dort mitbringt.

1986

Nur nichts trinken ist trockener. Sehr trockener Riesling-Sekt mit einem Schuss trockenen Sherry und einer Limettenzeste sowie Eis – perfekt als Aperitif.

Wodka Grapefruit Original

Man kann nicht immer nur Wein trinken. Ein Longdrink aus dem Saft frisch gepresster roter Grapefruit, Wodka und einer Geheimmischung. Gesund und verjüngend!

ZWEIGELT ROSÉ 3.-

Höll

BLAUFRÄNKISCH 6.-

2005 "RESERVE"

KROTZER

CAFÉ KONDITOREI FÜRST

Die Salzburger Mozartkugel hat ihren Ursprung in der Brodgasse 13 am Alten Markt. Paul Fürst hat sie 1884 als Hommage an den großen Sohn Salzburgs erfunden – und bis heute ist die Praline das beliebteste süße Mitbringsel aus der Landeshauptstadt.

Was macht das Original aus? Die echte Kugel wird täglich frisch und an einem Stab hergestellt. Sie ist daran zu erkennen, dass sie keinen Boden hat und mit ihrer Mischung aus zart schmelzendem Nougat, dem Pistazien-Marzipankern und umhüllt von dunkler kreolischer Schokolade so einzigartig wie himmlisch ist.

Mittlerweile wird die Konditorei in fünfter Generation geführt, und im Laufe der Zeit kamen weitere Spezialitäten hinzu. Dazu gehören 50 verschiedene Pralinen- und Trüffelsorten, Torten mit eigenem Stammbaum wie Sacher oder Dobos, Maroniherzen und die gebackene Topfentorte – selbstverständlich alles handgemacht.

Neben dem Stammhaus am Alten Markt können Sie die Mozartkugel auch in den Filialen in der Getreidegasse, am Mirabellplatz und im Ritzerbogen kaufen.

Café Konditorei Fürst Adresse: Alter Markt/Brodgasse 13, Altstadt
Tel: +43 (0)662 8437590 Internet: www.original-mozartkugel.com
Öffnungszeiten: Montag – Samstag 8.00 – 20.00 Uhr, Sonntag 9.00 – 20.00
Uhr, im Sommer bis 21.00 Uhr und während der Festspiele bis 22.00 Uhr

orig. M.K.
CAFE-KONDITOREI Fürst
gegr. 1884
SALZBURG

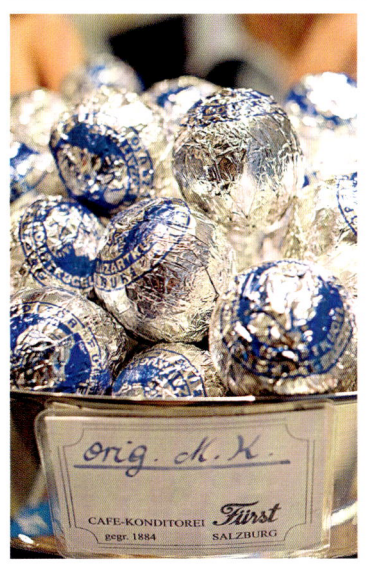

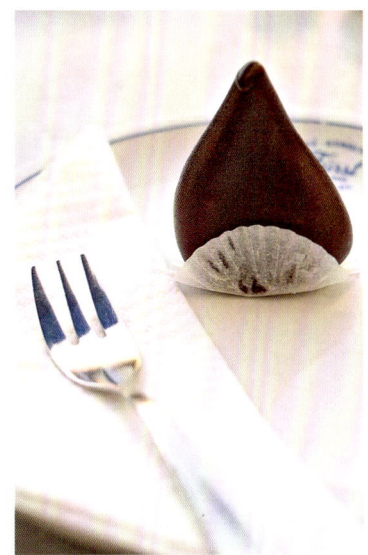

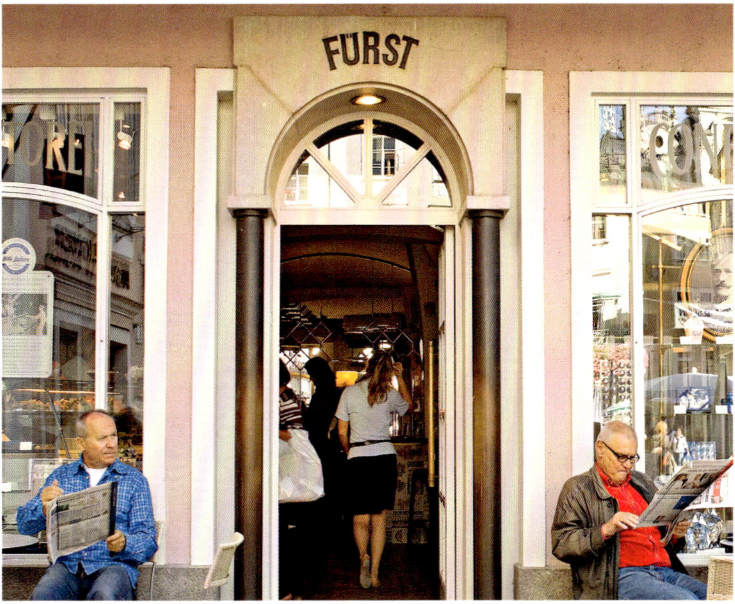
FÜRST

SMART
TRAVELLING

GUT ZU WISSEN

Hier erfahren Sie nicht alles und jedes, sondern genau das, was Sie für ein perfektes Wochenende brauchen. Wenige, aber genau die richtigen Informationen: Wissenswertes über die Salzburger Lebensart, eine kleine, aber feine subjektive Auswahl an Sehenswürdigkeiten, Spaziergängen, kulinarischen Empfehlungen und Tipps für Unternehmungen am Sonntag.

Dazu einen Stadtplan mit all unseren Lieblingsadressen, damit Sie nicht lange suchen müssen, sondern gleich anfangen können, Salzburg zu genießen.

SALZBURG UND DIE FESTSPIELE

Salzburg hat das ganze Jahr über was zu feiern – die Sommerfestspiele, die Osterfestspiele, die Pfingstfestspiele, den Weihnachtsmarkt, die Mozartwochen.

Am berühmtesten sind natürlich die Sommerfestspiele, die zu den hochkarätigsten Musikfestivals der Welt gehören. Genauso breit wie das künstlerische Angebot aus Oper, Schauspiel und Konzert ist auch das Programm, das von Mozart bis zur Moderne, von der klassischen Deutung bis zum Avantgarde-Experi-

---

ment, von Hofmannsthals „Jedermann" bis zu Tschaikowskis „Eugen Onegin" reicht, besetzt mit den renommiertesten Künstlern der Welt und aufgeführt vor der einzigartigen Kulisse der barocken Altstadt.

In den sechs Wochen von Mitte Juli bis Ende August spielt die Mozartstadt dann Weltstadt, die Salzburger sind eher auf der Flucht, und durch die Gassen schiebt sich ein internationales Publikum.

www.salzburgerfestspiele.at
Kartenbüro Salzburger Festspiele:
Tel: +43 (0)662 8045500

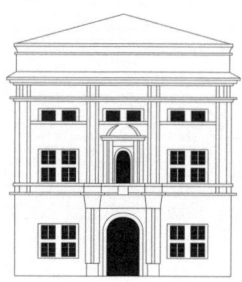

JEDERMANN

Mit Hugo von Hofmannsthals „Jedermann" wurden am 22. August 1920 die ersten Salzburger Festspiele eröffnet. Eine Uraufführung war es jedoch nicht, denn die fand schon 1911 im Berliner Zirkus Schumann statt. Bereits damals führte Max Reinhardt Regie. Als er nach Salzburg kam, war er von der Theatralik des Domplatzes so beeindruckt, dass er das Spiel vom Sterben des reichen Mannes unbedingt auch dort aufführen wollte.

Seither sind die „Jedermann"-Aufführungen auf dem Salzburger Domplatz und unter freiem Himmel einer der Höhepunkte der Festspielsaison, immer mit Stars besetzt und meistens ausverkauft. Mit etwas Glück bekommt man aber manchmal spontan noch Stehkarten. Einen Versuch ist es wert, um die einzigartige Festatmosphäre zu schnuppern. Ist das Wetter schlecht, finden die Aufführungen im Großen Festspielhaus statt.

TRIANGEL

Genauso wie der „Jedermann" ist das Restaurant Triangel fester Bestandteil der Festspiele. Deren Kantine wird Franz Gensbichlers Triangel genannt, weil nach den Vorstellungen Anna Netrebko, Rolando Villazón oder Klaus Maria Brandauer dorthin gehen.

Im Sommer sitzt man draußen auf grünen Bierbänken herrlich unprätentiös vor dem Großen Festspielhaus bei Roastbeef mit Sauce Tartare und Kartoffelchips.

Wiener-Philharmoniker-Gasse 7, Altstadt
Tel: +43 (0)662 842229
www.triangel-salzburg.at
Dienstag – Samstag 11.30 – 24.00 Uhr

KUNST IN SALZBURG

Museum der Moderne
Gleich zwei Häuser gehören zu Salzburgs wichtigstem Museum. Das Rupertinum, 1633 im wunderbar frühbarocken Stil und mitten in die Altstadt gebaut – und das Museum auf dem Mönchsberg, von wo aus man genau auf diese hinunterschaut. Neben der Sammlung mit Klimt und Kirchner, viel Klassischer Moderne, österreichischer Fotografie und Dokumenten des Wiener Aktionismus sind in beiden Museen wechselnde Sonderausstellungen zu sehen.
Am schnellsten gelangt man zum Museum der Moderne mit dem Mönchsbergaufzug. Neben der Kunst können Sie dort noch den wunderschönen Ausblick genießen – und das Café und Restaurant M32.

Wiener-Philharmoniker-Gasse 9, Altstadt bzw. Mönchsberg 32, Mönchsberg
Tel: +43(0)662 842220

www.museumdermoderne.at
Dienstag – Sonntag 10.00 – 18.00 Uhr, Mittwoch bis 20.00 Uhr, Montag geschlossen

MdM SALZBURG
Museum der Moderne

Residenzgalerie
Die Residenzgalerie ist im dritten Stock der ehemaligen Repräsentanz der Salzburger Fürsterzbischöfe untergebracht. In den Prunkräumen wird eine ebenso prachtvolle Sammlung gezeigt, zu der Meisterwerke europäischer Maler des 16. bis 19. Jahrhunderts gehören. Unter ihnen Rembrandt, Peter Paul Rubens und die österreichischen Porträtmeister Ferdinand Georg Waldmüller und Friedrich Ritter von Amerling. Zusätzlich werden Sonderausstellungen präsentiert.

Residenzplatz 1, Altstadt
Tel: +43 (0)662 8404510
www.residenzgalerie.at
Mittwoch – Montag 10.00 – 17.00 Uhr
Diensatg geschlosen,
Juli und August: keine Schließtage,
täglich 10.00 – 17.00 Uhr geöffnet,
Mittwoch von 10.00 – 20.00 Uhr

Artmosphere Rudolf Budja Galerie
Pop-Art vom Feinsten – und junge
Wilde von Rang und Namen. In den
schönen Räumen unweit des Fest-
spielhauses kann man auf zwei Eta-
gen Werke von Andy Warhol über
David LaChapelle, Damien Hirst und
chinesischen Shootingstars wie Zeng
Chuanxing bestaunen. Während der
Festspiele ein Hotspot.

Wiener-Philharmoniker-Gasse 3/
Palais Küenburg, Altstadt
Tel: +43 (0)662 846483
www.artmosphere.at
Dienstag – Freitag 10.00 – 18.00 Uhr,
Samstag 10.00 – 15.00 Uhr, während
der Festspiele täglich

5020
Innovatives Galerie-Projekt, 1992 von
Salzburger Künstlern gegründet. Neben Gruppenausstellungen, die meist
thematisch orientiert sind, werden
große Galerieräume Künstlern wie

Esther Moises und Markus Proschek
zur Verfügung gestellt. Dazu gibt es
Diskussionsrunden, ein Archiv, eine
Bibliothek und einen überdachten
Innenhof zum entspannten Lesen.

Sigmund-Haffner-Gasse 12/1,
Altstadt
Tel: +43 (0)662 848817
www.galerie5020.at
Dienstag – Samstag 13.00 – 17.00 Uhr
Donnerstag bis 20.00 Uhr

Galerie Nicolaus Ruzicska
Top-Galerie, in Salzburgs Kunst-
Szene seit 2004 etabliert. Nikolaus
Ruzicska, der 13 Jahre mit Thad-
daeus Ropac zusammengearbeitet
hat, mixt große Namen wie Imi Knoe-
bel mit aufstrebendem Nachwuchs
wie Edgar Bryan und Ruth Root. Seine
Galerieräume sind in einem ehema-
ligen Landwirtschaftsgebäude samt
Garten gelegen und nicht weit vom
Zentrum entfernt.

Faistauergasse 12, Josefiau
Tel: +43 (0)662 630360
www.ruzicska.com
Dienstag – Freitag 10.00 – 18.00 Uhr,
Samstag 10.00 – 14.00 Uhr
während der Festspiele auch
montags geöffnet

Galerie Thaddaeus Ropac

Die Galerie in Salzburg! Auf den Messen in Miami Beach, Basel oder London sieht man Thaddaeus Ropac mit Fürstengattinnen und Hollywoodstars im Arm. Sie alle gehören zu seiner Klientel, der er Moderne der ersten Liga bietet – von Kunststars wie Anselm Kiefer, Sylvie Fleury, Francesco Clemente oder Georg Baselitz. 1983 gegründet, gehört Ropac zu den ältesten Galerien in Salzburg und residiert in der prächtigen Villa Kast am Mirabellplatz sowie in der Salzburg Halle im Norden der Stadt.

Mirabellplatz 2, Neustadt
Tel: +43 (0)662 8813930
www.ropac.net
Dienstag – Freitag 10.00 – 18.00 Uhr
Samstag 10.00 – 14.00 Uhr

UBR Galerie Ulrike Reinert

Erfrischend „junge" Galerie, die vorwiegend deutschsprachige Künstler vertritt und Positionen, die sich mit politischen und sozialen Themen auseinandersetzen. Bei Ausstellungen wie „Loyal zum Aal" vom Bildkombinat Bellevue wird allerdings auch Sinn für künstlerischen Humor gezeigt. Das Spektrum reicht von Malerei und Fotografie zu Video und Installationen. Und nicht so teuer!

Strubergasse 12a, Lehen
Tel: +43 (0)662 873066
www.ubr-galerie.com
Mittwoch – Freitag 15.00 – 19.00 Uhr,
Samstag 11.00 – 14.00 Uhr, während der Festspiele auch dienstags geöffnet

---

KUNSTSPAZIERGANG

Seit 2002 lädt die Salzburg Foundation alljährlich international renommierte Künstler dazu ein, eine Arbeit im öffentlichen Raum zu realisieren. Ein wunderbar moderner Kontrast zur barocken Tradition der Stadt und ein work in progress, mittlerweile auf acht Kunstwerke angewachsen. Am schönsten ist es, sie sich bei einem Spaziergang anzuschauen.

Am besten starten Sie an der Staatsbrücke mit „Spirit of Mozart" (2004) von Marina Abramovic. Mit ihrer Installation hat die Künstlerin Salzburgs großem Sohn ein Denkmal gesetzt: Acht Stühle laden dabei zum Zwischenstopp ein, ein neunter, mit 15 Metern Höhe unerreichbar, ist für den Geist Mozarts reserviert.
Danach geht es zum Dom, in dessen

alter Krypta Christian Boltanski seine Installation „Vanitas" (2009) präsentiert, in der er den Todesengel als Sinnbild der verrinnenden Zeit zeigt.

Rechts vom Dom auf dem Kapitelplatz kommen Sie dann an Stephan Balkenhohls Skulpturen „Sphaera" und „Frau im Fels" (2007) vorbei: Diesmal hat er eine seiner Männer-Figuren, wie immer in schwarzer Hose und weißem Hemd, auf einer riesigen Goldkugel platziert, das weibliche Pendant trägt ein rotes Kleid und ist in der Felswand des Toscaninihofs untergebracht.

Weiter geht es Richtung Festspielhaus, wo Anselm Kiefer 2002 im Furtwänglerpark sein mit Bleiregalen und einem Bild ausgestattetes Kunst-Haus „A.E.I.O.U." errichtete.

Von hier aus folgen Sie der Gstättengasse zum Ursulinenplatz – und kommen zu einer Arbeit, die für hitzige Diskussionen sorgte: Markus Lüpertz androgyne Figur, die er als eine „Hommage à Mozart" (2005) versteht.

Jetzt nehmen Sie den MdM-Lift zum Mönchsberg, auf dem James Turrell 2006 im „Sky-Space" den Himmel zu einem Teil seiner Kunst machte und Mario Merz neonblau leuchtende „Ziffern im Wald" (2003) in der für ihn typischen Iglu-Form installierte.

Zum Abschluss können Sie auf dem Makartplatz Anthony Craggs Bronze-Skulptur „Caldera" (2008) besteigen, die er als energiegeladene „mentale Landschaft" versteht, die dem verkehrsumtosten Platz seine „emotionalen Vibrationen" wiedergibt.

Walk of Modern Art
Öffentliche Führung:
jeden 1. Samstag im Monat,
14.00 – 16.00 Uhr
Treffpunkt:
Kiefer-Pavillon – Furtwänglerpark,
nur mit Voranmeldung
Preis: 10 Euro pro Person
Tel: +43 (0)662 871687
www.salzburgfoundation.at

Sich wie ein Salzburger fühlen

Gönnen Sie sich ganz bewusst einen Tag vom „Gutleben" in der Salzachstadt. Beginnen Sie ihn morgens mit einer Melange im Café Bazar oder im Tomaselli, und stürzen Sie sich je nach Lust und Jahreszeit in das grandiose Naturangebot.
Egal ob Sie den Kapuzinerberg besteigen, zum Schloss Hellbrunn radeln, mit dem Postauto zum Fuschlsee fahren und in Trinkwasser baden oder auf dem Untersberg Ski fahren.
Und am Abend besuchen Sie ein Konzert und lassen sich von der Salzburger Haubengastronomie kulinarisch verwöhnen. Das ist pure Inspiration für Körper und Seele.

 **SALZBURG MUSEUM**

und anhand von Persönlichkeiten und Familien, die sie über die Jahrhunderte geprägt haben.

Salzburg Museum

Wer mehr in die Geschichte der Stadt eintauchen möchte, kann das im Salzburg Museum am Mozartplatz wunderbar tun. In den prachtvoll renovierten Räumen der Neuen Residenz präsentiert die Dauerausstellung „Mythos Salzburg" die Entwicklung ihrer Stadt seit den frühen Anfängen

Neue Residenz

Mozartplatz 1, Altstadt

Tel: +43 (0)662 620808700

www.salzburgmuseum.at

Dienstag – Sonntag 9.00 – 17.00 Uhr, Donnerstag 9.00 – 20.00 Uhr, im Juli, August und Dezember auch montags geöffnet

BESONDERE KIRCHEN & FRIEDHÖFE

Salzburger Dom

Der Dom repräsentiert mit seiner prächtigen Fassade und der mächtigen Kuppel ein eindrucksvolles Monument des Frühbarocks und ist das bedeutendste sakrale Bauwerk der Stadt. Von Bränden zerstört und wiederaufgebaut, vergrößert und erweitert, veranschaulicht es den Einfluss und die Unabhängigkeit der Salzburger Erzbischöfe. Neben dem Taufbecken, in dem schon Mozart getauft wurde, und der prachtvollen Orgel sollten Sie sich in der Domkrypta Christian Boltanskis Installation

„Vanitas" nicht entgehen lassen. Ein schönes Sonntags-Ritual der Salzburger ist, eine katholische Messe zu besuchen und danach auf eine Melange im Tomaselli einzukehren.

Domplatz

www.salzburger-dom.at

Sommer: Montag – Samstag 8.00 – 19.00 Uhr, Sonntag 13.00 – 19.00 Uhr, Winter: Montag – Samstag 8.00 – 17.00 Uhr, Sonntag 13.00 – 17.00 Uhr

Franziskanerkirche

Die Franziskanerkirche ist ein gotisches Juwel und die wohl mystischste Kirche Salzburgs. Nicht zuletzt wegen ihrer Totenköpfe und des herrlichen Hallenchors, der einen dramatischen Gegensatz von Licht und Dunkel erzeugt.

Franziskanergasse 5, Altstadt
www.franziskanerkirche-salzburg.at
Täglich 6.30 – 19.30 Uhr

Stift St. Peter und Friedhof

Es wundert nicht, dass der Petersfriedhof zu den schönsten und ältesten Friedhöfen der Welt gehört. Spaziert man seine Wege entlang, ist man sofort von der feierlichen Atmosphäre ergriffen, die die üppigen Grabmäler und barocken Arkaden vor der Felswand des Mönchsbergs verströmen. Hier ruhen berühmte Salzburger Persönlichkeiten wie Mozarts Schwester Nannerl, der Komponist Michael Haydn, ein Bruder Joseph Haydns, der Bürgermeister Sigmund Haffner und Paul Fürst, der Erfinder der Salzburger Mozartkugel.

Am Ausgang zum Kapitelplatz sollten Sie unbedingt dem Duft von frisch gebackenem Brot folgen und in Salzburgs ältester Backstube, der Stiftsbäckerei St. Peter, vorbeischauen und sich einen Laib aus köstlichem Natursauerteig mitnehmen.

St.-Peter-Bezirk 1–2, Altstadt
www.stift-stpeter.at
Kirche: Täglich 8.00 – 21.00 Uhr
(April – Oktober), 8.00 – 19.00 Uhr
(November – März)
Friedhof: April – September
6.30 – 20.00 Uhr, Oktober – März
bis 18.00 Uhr

Stiftsbäckerei St. Peter
Kapitelplatz 8
www.stiftsbaeckerei.at
Montag, Dienstag, Donnerstag,
Freitag 7.00 – 17.00 Uhr, Samstag
7.00 – 13.00 Uhr

St. Sebastian und Friedhof

In der Linzer Gasse liegt neben der spätbarocken Sebastiankirche versteckt der Sebastiansfriedhof. Um 1600 im Stil eines italienischen Campo Santo angelegt, ist er die letzte Ruhestätte alter Salzburger Kaufmannsfamilien und bekannter Persönlichkeiten wie Mozarts Gattin, seinem Vater und dem Naturwissenschaftler Paracelsus. Die wunderschöne Gabrielskapelle in der

Mitte des Hofes ist die Grabstätte von Fürsterzbischof Wolf Dietrich. Mit seinen lichtdurchfluteten Arkadenbögen und kunstvollen Kreuzen ist der Friedhof eine wunderbare Oase inmitten des geschäftigen Treibens der Linzer Gasse.

Linzer Gasse 41, Rechte Altstadt
Täglich 7.00 – 19.00 Uhr

SCHÖNE AUSSICHTEN

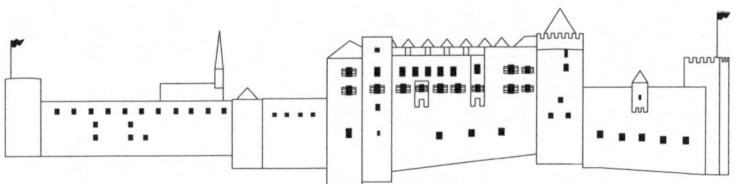

Festung Hohensalzburg

Die über der Stadt thronende Festung ist das Wahrzeichen Salzburgs, und einmal muss man oben gewesen sein. Entweder geht man zu Fuß auf dem steilen Weg hinauf oder fährt ganz bequem mit der Festungsbahn. Von Europas größter Burganlage hat man eine grandiose Sicht auf die Stadt und das Salzburger Land – Alpenpanorama inklusive.

Wenn Sie Ihren Blick nach Süden zum Schloss Leopoldskron und dem mächtigen Untersberg schweifen lassen, entdecken Sie im Tal das „Krautschneiderhaus", das früher von Krautacker umgeben war und heute allein auf weiter Flur steht. Im Volksmund wird es „Henkershäuschen" genannt, weil sich einst niemand dorthin traute.

Auf dem Rückweg können Sie dann noch im M32 Halt machen und sich bei einem Kaffee auf der schönen Terrasse ein weiteres Mal an dem herrlichen Ausblick erfreuen.

Mönchsberg 34, Mönchsberg
www.festung-salzburg.at
Januar – April und
Oktober – Dezember 9.30 – 17.00 Uhr,
Mai – September 9.00 – 19.00 Uhr
Festungsbahn von der Festungsgasse, alle 10 Min.

M32, Mönchsberg 32, Mönchsberg
Tel: +43 (0)662 841000
Internet: www.m32.at
Dienstag – Sonntag 9.00 – 1.00 Uhr,
Montag geschlossen

Kapuzinerberg

Der Kapuzinerberg bietet eine wunderbar pittoreske Aussicht auf die Silhouette der Mozartstadt und die Festung Hohensalzburg. Am frühen Morgen und mit etwas Glück begegnet man hier oben Gämsen oder wird von einem Mönch aus dem Kapuzinerkloster freundlich gegrüßt. Über die Linzer Gasse geht es den Stefan-Zweig-Weg steil bergauf am Paschinger Schlössl, in dem der Schriftsteller von 1919 – 1937 wohnte, vorbei zum 1599 gegründeten Kapuzinerkloster. Unterhalb des Klosters liegen die Wehranlagen mit den Aussichtsterrassen der Hettwer Bastei. Über die Imbergstiege gelangt man dann wieder hinunter in die Steingasse.

Für eine längere Wanderung kann man den Weg durch den Buchenwald zum Franziskischlössl einschlagen, vorbei an der Bayerischen Aussicht am Osthang des Berges und von dort über den Basteiweg mit teilweise steilen Stufen wieder zurück zur Hettwer Bastei.

Kapuzinerberg
Zugang über Linzer Gasse und Imbergstiege

Steinterrasse

Mit weniger Mühe und „eine Etage tiefer" können Sie von der Terrasse des Hotels Stein aus die gleiche Aussicht auf die historische Altstadt genießen. Die Club-Bar-Lounge liegt auf dem Dach des Stein-Hotels. Auch wenn die Renovierung nicht ganz geglückt ist und das Interieur etwas an altem Charme eingebüßt hat, kann man an einem lauen Sommerabend und bei einem kühlen Drink den Blick entspannt schweifen lassen.

Hotel Stein, Giselakai 3-5
Tel: +43 (0)662 8743460
www.hotelstein.at
Öffnungszeiten siehe Homepage

SCHLÖSSER UND PARKS

Schloss Mirabell

Der Mirabellgarten ist nur wenige Hundert Meter vom rechten Salzach-Ufer entfernt und eine grüne Oase mitten in der Stadt. In ihr liegt das Schloss Mirabell, das Erzbischof Wolf Dietrich von Raitenau 1606 als Liebesgeschenk für seine Geliebte oder heimliche Ehefrau Salome Alt erbauen ließ. Eine mit Putten geschmückte

Treppe führt zu dem weltberühmten Marmorsaal, in dem schon die Familie Mozart musizierte und wo auch heute noch Konzerte stattfinden. Um das Schloss herum kann man wunderbar über Rosenhügel, durch den Zwerglgarten und zur Orangerie spazieren. Blickt man Richtung Kurgarten, auf den Pegasusbrunnen und die kunstvoll angelegten Gärten, fühlt man sich mühelos in die Zeit des Barocks zurückversetzt.

Mirabellplatz, Neustadt
Tel: +43 (0)662 80720
Täglich 8.00 – 18.00 Uhr

Lustschloss Hellbrunn
Der schönste Weg, um zum Lustschloss samt grandioser Parkanlage und den berühmten Wasserspielen zu gelangen, führt über die Hellbrunner Allee. Nur 20 Fahrradminuten von der Altstadt entfernt, liegt dieser bezaubernde Ort und bietet barocke Entspannung. Wo vor 400 Jahren die Fürsterzbischöfe gejagt und sich vergnügt haben, lassen heute die Salzburger die Seele baumeln – beim Picknicken auf einer der weitläufigen Wiesen oder beim Flanieren entlang der alten Kastanienallee. Wer sich sportlich betätigen möchte, kann in Hellbrunn joggen und im Winter sogar Skilanglauf machen.
Ein lohnender Abstecher führt ins Steintheater, dem ältesten Naturtheater nördlich der Alpen.
Verpassen Sie am Haupteingang nicht den „Sound of Music"-Pavillon aus dem berühmten Film. Dort begegnen sich Liesl und Franz zum ersten Mal …

Fürstenweg 37
Tel: +43 (0)662 8203720
www.hellbrunn.at
Park: April, Okt., Nov. 9.00 – 16.30 Uhr, Mai, Juni, Sept. bis 17.30 Uhr, Juli und August bis 21.00 Uhr

MIT DEM FAHRRAD DURCH SALZBURG

Salzburg ist ohne Übertreibung ein Paradies zum „Radlfahren". Das liegt auch an den gut ausgebauten Radwegen, die durch die ganze Stadt führen und von dort aus weiter ins Grüne. Zudem liegt Salzburg an den beiden sehr beliebten Radwanderrouten Mozartradweg und Tauernradweg.

Eine besonders schöne Strecke führt durchs Nonnthal Richtung Süden hinaus nach Hellbrunn, den hellblauen Almkanal entlang und bei klarer Sicht mit Blick auf den majestätischen Untersberg. Vorbei geht es am barocken Schloss Leopoldskron, das ganz idyllisch direkt am Weiher liegt und als Originalschauplatz von dem Film „The Sound of Music" bekannt ist.

Wenn Sie dann in Hellbrunn genug Ruhe getankt haben, können Sie entweder immer der Salzach entlang wieder zurück in die Altstadt fahren oder noch weiter Richtung Anif radeln und im historischen Gasthof Schlosswirt zu Anif einkehren. Das Restaurant bietet österreichische Klassiker auf Hauben-Niveau und ist ein beliebter Treffpunkt bei Einheimischen. Im Sommer sitzen sie im idyllischen Gastgarten mit seinen alten Kastanienbäumen, genießen den Blick auf das neugotische Wasserschloss – und auf die Salzburger Berge.

Schlosswirt zu Anif
Salzachtalbundesstraße 7, Anif
Tel: +43 (0)6246 72175
www.schlosswirt-anif.at
Restaurant: Dienstag – Samstag
7.00 – 14.00 Uhr und 18.00 – 22.00 Uhr

BELIEBTE JOGGINGROUTEN

Wer es liebt, mitten in der Stadt, aber umgeben von herrlicher Natur zu laufen, für den ist Salzburg ein Traum. Egal ob Sie in der Altstadt oder in der Neustadt wohnen, ein paar Meter weiter ist immer die Salzach, an der Sie unter alten Kastanien, mit Blick auf das hellblaue Wasser und umgeben von der Altstadtkulisse, entlanglaufen können.

Ob Sie am rechten oder linken Ufer starten, ist egal, denn über die Salzach führen genug Brücken, um immer wieder auf die andere Seite zu wechseln.

Eine unter Joggern besonders beliebte Strecke ist die Hellbrunner Allee, die immer geradeaus bis zum Lustschloss Hellbrunn und seinen herrlichen Parkanlagen führt.

Wenn Sie es zum Joggen lieber etwas steiler mögen, dann sind der Mönchsberg und der Kapuzinerberg eine perfekte Alternative.

Nehmen Sie also unbedingt Ihre Laufschuhe mit!

Der 1.700 Meter hohe Untersberg, nördlichster Ausläufer der Berchtesgadener Alpen, ragt mit seinem markanten Profil weit ins Salzburger Land – und ist sagenhaft schön.

Er ist durch eine Seilbahn erschlossen, die den Besucher in nur 10 Minuten auf hochalpines Gelände bringt. Am besten, Sie sichern sich einen Platz vorne am Kabinenfenster, denn schon die Auffahrt ist atemberaubend.

Der Untersberg ist zu jeder Jahreszeit einen Ausflug wert. Während Sie an warmen Tagen in schwindelnder Höhe wandern können, ist die 7,5 km alpine Skiabfahrt aus immerhin 1.300 Höhenmetern bei guter Schneelage sehr beliebt.

Talstation: Untersbergbahn
Grödig/St. Leonard
Abfahrt alle 30 Min.
Anfahrt mit dem Auto über die
Alpenstraße durch Anif
oder mit der Buslinie 25 vom Salzburger Zentrum

SHOPPING IN SALZBURG

Getreidegasse

Die Salzburger Getreidegasse mit ihren schmalen Häusern, die sich eng aneinanderschmiegen und mit feinen Schildern verziert sind, ist weltberühmt. Dort reiht sich eine herrlich bunte Mischung aus Edel-boutiquen wie Ennsmann, Tanja Gründling und Hämmerle, Salzburger Traditionsgeschäften wie Dantendorfer und Kirchtag und berühmten Gasthäusern und Hotels wie die Blaue Gans aneinander. Zwischen Spirituosen-Sporer und der Café-Konditorei Fürst nicht zu vergessen: Mozarts Geburtshaus und heutiges Museum in der Nr. 9. Leider schieben sich ab 11 Uhr morgens schon die Massen durch die schmale Gasse, und es gibt kaum ein Durchkommen. Wenn Sie die wunderschönen Fassaden, die faszinierenden Durchhäuser und Innenhöfe in aller Ruhe genießen wollen, dann kommen Sie am besten früh morgens oder am späten Abend.

Münzgasse

Die Münzgasse verbindet den Bürgerspitalplatz mit der Griesgasse und wird auch „junge Meile" genannt. Auf gerade mal 100 Metern sind hier Designerläden und junge Mode vertreten.

Linzer Gasse

Die Linzer Gasse in der Neustadt ist das Pendant zur Getreidegasse – allerdings nicht ganz so fein und exklusiv. Man sagt auch, sie sei die zutiefst salzburgische Schwester der eleganten, internationalen Getreidegasse jenseits des Flusses. Vom Kleinen Platzl bis zur Franz-Josef-Straße reihen sich Handwerksbetriebe, Modeläden, Metzger und Gasthöfe dicht aneinander.

Im oberen Drittel liegt der Sebastiansfriedhof, an dem man fast vorbeiläuft, so versteckt ist er. Hat man ihn gefunden, eröffnet sich ein unfassbar schönes historisches Kleinod, das vor allem durch seine lichtdurchfluteten Arkadenbögen, die schmiedeeisernen Kreuze und die Gabrielskapelle beeindruckt.

Goldgasse

In der schmalen Gasse, die am Alten Markt beginnt und in einem Bogen zum Residenzplatz führt, war früher die Goldschmiede ansässig. Heute konzentrieren sich dort die Antiquitätengeschäfte der Stadt.

LÄDEN MIT TRADITION

Salzburger Heimatwerk

Untergebracht im historischen Gewölbe der Neuen Residenz ist das Salzburger Heimatwerk, dessen Stoffe und Drucke genauso für Tradition wie für Zeitgeist stehen. Freundliche Verkäuferinnen im hübschen Dirndl beraten gern, denn die Entscheidung bei der unglaublich großen Auswahl hochwertiger Trachtenstoffe, Tischwäsche und Dekostoffe fällt nicht leicht.

Residenzplatz 9, Altstadt
Tel: +43 (0)662 844110
www.salzburgerheimatwerk.at
Montag – Freitag 9.00 – 18.00 Uhr,
Samstag 9.00 – 17.00 Uhr

Lanz

Das Traditionshaus Lanz hat die bäuerliche Tracht salonfähig gemacht. Seit Anfang der 20er-Jahre ist es die erste Adresse für Trachtenmode in Salzburg. Die Auswahl an Stoffen und Drucken ist exklusiv und passend für jede Gelegenheit – vom Ausflug aufs Land bis zum Besuch der Festspiele. In dem Atelier in der Imbergstraße, dem ehemaligen Stammhaus, kann man sich sein Dirndl oder seinen Janker auch heute noch maßschneidern lassen.

Schwarzstraße 4, Rechte Altstadt
Tel: +43 (0)662 874272
www.lanztrachten.at
Montag – Freitag 9.00 – 18.00 Uhr,
Samstag 9.00 – 17.00 Uhr

Alte fürsterzbischöfliche Hofapotheke

Betritt man die alte Hofapotheke am Alten Markt, könnte man beim Anblick des original erhaltenen Interieurs und der Apothekerdöschen meinen, die Zeit sei stehen geblieben. Die Beratung ist, wie man es in einem alten Fachgeschäft erhofft, kompetent und freundlich. Neben den üblichen Apotheken-Produkten gibt es eine eigene Linie mit „Hausspezialitäten" – von der Salzburger Haussalbe bis zum beliebten Spanischen Kräutertee.

Alter Markt 6, Altstadt
Tel: +43 (0)662 843623
www.hofapotheke.at
Montag – Freitag 8.00 – 18.00 Uhr,
Samstag 8.00 – 12.00 Uhr

Kirchtag

Mit einem Schirm von Kirchtag lässt sich der berühmte Salzburger Schnürlregen ganz leicht ertragen. In der Werkstatt in der Getreidegasse werden seit über 100 Jahren Regenschirme handgefertigt – die Holzstöcke über Dampf gebogen, das Tuch von Hand geschnitten und vernäht. Auf Wunsch kann man sich seinen ganz eigenen Kirchtag-Schirm anfertigen lassen.

Die Schirmmanufaktur stellt auch Sonnenschirme her, wie zum Beispiel die grün-weiß gestreiften vom Café Tomaselli.

Getreidegasse 22, Altstadt
Tel: +43 (0)662 841310
www.kirchtag.com
Montag – Freitag 9.00 – 18.00 Uhr,
Samstag 9.00 – 17.00 Uhr

Kunstgärtnerei Doll

Doll ist keine einfache Gärtnerei, sie ist ein Paradies für Blumen- und Pflanzenliebhaber. Die Glashäuser mit den englisch-grünen Trägern und dem nostalgischen Logo wecken Erinnerungen an die gute alte Gärtnerzeit. Von der geschäftigen Schnittblumentheke aus sollte man unbedingt auf eine Entdeckungsreise durch die Gärtnerei gehen, die auch Übertöpfe, Kerzen, Vasen und Vogelhäuser anbietet.

KUNSTGÄRTNEREI
seit 1929

Gegenüber der Kunstgärtnerei Doll befindet sich der Mini-Concept-Store Vis à Vis mit ausgesuchten Büchern und Coffeetable Books, kleinen Helfern, besonderen Geschenken und einer kleinen Bar, an der man sich bei einem Kaffee von den schönen Produkten inspirieren lassen kann.

Nonntaler
Kunstgärtnerei Doll & Vis à Vis
Nonntaler Hauptstraße 79 & 108,
Nonnthal
Tel: +43 (0)662 8218290
www.doll-salzburg.at
Montag – Samstag 8.00 – 18.30 Uhr,
Sonntag 9.00 – 16.00 Uhr

DELI SHOPPING

Magazin

Es ist der Feinkostladen zum Restaurant und die erste Adresse für alle, die nur das Beste wollen. Österreichische und mediterrane Köstlichkeiten, die von gut gereiftem Käse, feinen Salami- und Schinkenspezialitäten, Antipasti, Ölen und selbst gemachten Saucen bis zu Kaffee und Schokoladen reichen und von Küchenhelfern und Kochbüchern ergänzt werden. Dazu lagern über 800 Weinsorten mit Schwerpunkt Österreich in der Vinothek. Ein weiteres Plus: Da das Geschäft so lange wie das Restaurant geöffnet ist, können Sie hier bis Mitternacht Foodshopping machen.

Augustinergasse 13, Mülln
Tel: +43 (0)662 8415840
www.magazin.co.at
Montag – Samstag 10.00 – 24.00 Uhr

Magazin, S. 36

Sporer

Seit 1903 ist Sporer in der Getrei-

---

degasse eine Institution für gute Brände, Liköre und österreichische Weine. Kommt man am späten Nachmittag, wenn Einheimische ein Glas Feierabendwein trinken und Salzburg-Besucher Liköre verkosten, herrscht zwischen den Holzfässern in dem winzigen Laden eine gemütliche Stimmung. Eine Spezialität ist der Kräuterbitter von Sporer, eine Hausmischung aus 19 Kräutern, die sich auch gut als Mitbringsel eignet. Kommen Sie im Winter nach Salzburg, müssen Sie unbedingt den Orangenpunsch probieren.

Getreidegasse 39, Altstadt
Tel: +43 (0)662 8454310
www.sporer.at
Montag – Freitag 9.30 – 19.00 Uhr,
Samstag 8.30 – 17.00 Uhr

Kaslöchl
Zwischen 100 und 150 französischen, italienischen und österreichischen Käsesorten, die auch gerne probiert werden dürfen, gibt es in dem winzigen Laden mit der nostalgischen Holzfassade. Zu den Highlights an heimischem Käse vom Bauern gehören der Ziegenkäse aus dem Lungau oder der 14 Monate gereifte Vorarlberger Bergkäse. Dazu gibt es eine feine Auswahl an frischem Brot, Marmeladen, Chutneys und Weinen.

Hagenauer Platz 2, Altstadt
Tel: +43 (0)662 844100
www.kasloechl.at
Montag – Freitag 9.00 – 18.00 Uhr,
Samstag 8.00 – 13.00 Uhr

Sauerteigbrot

Am Ausgang des St. Peter Friedhofes zum Kapitelplatz sollten Sie unbedingt dem Duft von frisch gebackenem Brot folgen und in Salzburgs ältester Backstube, der Stiftsbäckerei St. Peter, vorbeischauen und sich einen Laib aus köstlichem Natursauerteig, traditionell im Holzofen gebacken, kaufen.

Stiftsbäckerei St. Peter,
Kapitalplatz 8
Montag – Dienstag 8.00 Uhr – 17.30 Uhr, Donnerstag – Freitag 7.00 – 17.30 Uhr, Samstag 7.00 – 13.00 Uhr, Mittwoch geschlossen
Tel: +43 (0)662 847898

Topfenknödel
mit Preiselbeerschaum, wunderbar
„flaumig" und mit perfekter Süße.
Wenn Sie nett fragen, bekommen Sie
sogar das Rezept.

Auerhahn
Bahnhofstraße 15, Neustadt
Tel: +43 (0)662 451052
www.auerhahn-salzburg.at
Dienstag – Samstag 11.30 – 13.30 Uhr
und 18.30 – 21.30 Uhr,
Sonntag 11.30 – 13.30 Uhr

Tafelspitz
vom Pinzgauer Naturrind im Suppen-
topf, mit Apfelkren, Schnittlauchsau-
ce und gerösteten Erdäpfeln und mit
einmal Nachschlag!

Gasthof Schloss Aigen, S. 22

Entrecôte
in 50-Gramm-Schritten und bester
Qualität von der Salzburger Fleische-
rei Walter.

Maier's, S. 30

Backhendl
Der Klassiker in der Blauen Gans, gold-
braun, knusprig, wunderbar zart.
Blaue Gans Restaurant, S. 14

Bosna
Von der Getreidegasse kommend,
weist ein Leuchtschild auf den
Imbiss hin, den es seit den 50er-
Jahren gibt. Vor der Durchreiche des
winzigen Kiosks wird immer Schlan-
ge gestanden. Die Original Salzburger Bosna, eine Art Hot Dog mit
gegrillten Schweinsbratwürsteln,
Zwiebeln, Petersilie und einer ge-
heimen Gewürzmischung, gibt es in
fünf Varianten. Wir empfehlen den
Klassiker Nr. 1, allerdings sollten Sie
diesen als „Einspänner" verlangen,
damit später auch noch Platz für eine
Salzburger Mehlspeise bleibt.

Balkan-Grill
Getreidegasse 33, Altstadt
Tel: +43 (0)662 841483
Montag – Freitag 11.00 – 19.00 Uhr,
Samstag 11.00 – 18.00 Uhr,
Sonntag nur in der Weihnachts-
und Festspielzeit

Wiener Schnitzel
in Butterschmalz gebacken und ausgesprochen köstlich!

Gasthof Brandstätter
Münchner Bundesstraße 69
Tel: +43 (0)662 434535
www.hotel-brandstaetter.com
Täglich 7.00 – 24.00 Uhr, Küche:
Montag – Samstag 11.30 – 14.00 Uhr
und 18.00 – 22.00 Uhr

Mozartkugel
Vergessen Sie alle Mozartkugeln, die Sie bisher gegessen haben. Das Salzburger Original ist einfach die beste.

Café-Konditorei Fürst, S. 83

MÄRKTE

Grünmarkt
Samstagvormittag ist die beste Zeit, um den Grünmarkt in seiner Einzigartigkeit zu erleben. Dann trifft sich nämlich „tout Salzburg" hier, darunter die Dame des Hauses, die selbst nicht kocht, aber eine Knoblauchknolle am Gemüsestand ersteht, nur damit sie ihr bei Lanz neu erstandenes Jägerleinen-Kostüm zu Markte tragen kann. An den Ständen gibt es Obst, Gemüse, Fleisch, Fisch und Brot, das wunderschön präsentiert, aber auch entsprechend teuer ist. Eine kleine Entdeckung ist der Stand von Christian Müller mit hausgemachten Marillenmarmeladen und Hollerblütenkracherl aus dem heimischen Garten oder Itzlingers Bäckerstand, an dem es von der Handsemmel bis zum Kamutbrot alles in Bio-Qualität gibt. Nach dem Marktbesuch trifft sich der Salzburger an einem der Würstelstände am oberen Marktende und bestellt eine Frankfurter mit frisch gerissenem Kren (Meerrettich). Beliebt sind auch die Hagenauer Stuben mitten auf dem Markt, von

denen aus man das Ambiente mit Blick auf die Kollegienkirche wunderbar genießen kann.

Universitätsplatz, Altstadt
Montag – Freitag 7.00 – 19.00 Uhr,
Samstag 6.00 – 15.00 Uhr

Schranne

Die Schranne ist ein klassischer Wochenmarkt und ein Paradies für jeden Marktliebhaber. Jeden Donnerstag finden sich schon frühmorgens die Bauern aus der Region ein, um ihre Stände auf dem Mirabellplatz aufzubauen. Hier findet man alles, was die Saison hergibt, von frischen Eierschwammerln aus den Bergen, fangfrischen Fischen, alten Obstsorten, heimischem Alpkäse bis zu Kräutern, Schnittblumen, Salben und Korbwaren. Am hinteren Marktende Richtung Schrannengasse konzentrieren sich die besonders kleinen und spezialisierten Stände mit Bio-Produkten. Ein beliebter Treffpunkt der Marktbesucher ist der Backhendlstand an der Andräkirche.

Mirabellplatz und Schrannengasse, Neustadt
www.salzburgerschranne.at
Donnerstag 5.00 – 13.00 Uhr

IN DIE BERGE

Bad Gastein

Nur eine Stunde von Salzburg entfernt liegt der einst mondäne Kurort, in dem Kaiser, Könige und Künstler sich erholten und der gerade wieder aus seinem Dornröschenschlaf erwacht. Morbider Charme, eingerahmt von einer grandiosen Berglandschaft und wild romantischen Tälern, und die faszinierende Belle-Époque-Architektur, inklusive stürmischem Wasserfall, begeistern von der ersten Minute. Dazu stärken die kristallklare Bergluft und die heilende

---

Energie des Gasteiner Thermalwassers Körper und Seele.

www.gastein.com

Haus Hirt und Miramonte

An keinem Ort in den Gasteiner Bergen kann man die Sommer- und Winterfrische besser genießen. Evelyn und Ike Ikrath sind Inhaber aus Leidenschaft, und ihr Haus Hirt vereint die perfekte Mischung aus modernem Zeitgeist und Tradition. Es liegt herrlich abgeschieden und bietet einen atemberaubend schönen Blick, den schon Stefan Zweig und Thomas Mann zu schätzen wussten. Hier kann man nicht nur stilsicher und ganz individuell wohnen, sondern sich auch rundum verwöhnen lassen. Im kleinen feinen Aveda-Spa oder vorm knisternden Kaminfeuer im Salon, beim morgendlichen Yoga oder bei einer Wanderung mit eigenem Führer sowie Picknick-Service. Und die Küche bietet vom Hirsebrei über die Bauernbutter bis zum kreativen 4-Gänge-Menü am Abend alles, was der moderne Großstadtmensch liebt. Ein glücklich machendes Rundum-Sorglos-Paket, das auch mit der Familie wunderbar funktioniert.

Miramonte ist das jüngere Schwesternhotel auf dem Berg und liegt in fußläufiger Nähe zum Graukogellift. Einst Herberge für die Mitarbeiter der Österreichischen Nationalbank, heute Zufluchtsort für Großstadtnomaden. Von außen ein eher nüchtern wirkender Kasten, der im Innern durch geölte Holzfußböden, Kuhfelle, Designermöbel und 60er-Jahre-Patina überzeugt. In der Panorama-Sauna oder auf dem Sonnendeck kann man wunderbar die Seele baumeln lassen und abends bei einem Drink an der Bar herrlich entspannen. Von dem fantastischen Blick und der unbeschreiblichen Weite bekommt man schon nach kurzer Zeit wieder einen klaren Kopf.

HAUS HIRT

Alpine Spa Hotel / Bad Gastein

Haus Hirt
Kaiserhofstraße 14
Tel: +43 (0)6434 27970
info@haus-hirt.com
www.haus-hirt.com
Preise: DZ 77 – 188 Euro pro Person
inkl. Halbpension

Miramonte
Reitlpromenade 3
Tel: +43 (0)6434 25770
info@hotelmiramonte.com
www.hotelmiramonte.com
Preise: 79 – 141 Euro pro Person
inkl. Halbpension

Hotel Regina

Cooler Neuzugang in Bad Gasteins Hotellandschaft. Mit dem Regina erfüllte sich der Ex-Hamburger Olaf Krohne einen Kindheitstraum. Schon als Junge war er von der mondänen Alpenwelt fasziniert, jetzt hat er vor deren Kulisse ein ganz besonderes Haus eröffnet: jünger und eigensinniger als seine Nachbarn, eher Townhouse als Hotel, in dem golden venezianischer Stil auf Italobauernchic und shabby style trifft. Das Jahrhundertwendehaus wurde entrümpelt, Wände entfernt, Parkett frei gelegt und dessen „Wunden" nicht kaschiert, sondern versiegelt. Nach dem Essen können die Nächte durchaus länger werden – auf großen Polstern, in lässiger Atmosphäre und bei DJs. Außerdem wirklich besonders: das hauseigene und Bad Gasteins einziges Kino mit 16 Sitzen und tollem Filmprogramm. Stylish geht es auch auf 2.161 Metern zu. Im Skigebiet erwartet die Regina-Gäste eine Schneebar, die wie ein Retro-Raumschiff wirkt. Spektakulär nicht nur ihr Anblick, sondern auch die Ausblicke von ihr.

Karl Heinrich Waggerl Str. 5
Tel: +43 (0)6434 21610
www.dasregina.com
Preise: 88 – 198 Euro pro Zimmer
inkl. Halbpension

Die schönsten Wanderungen:

Sportgasteiner Alm

Vom Sportgasteiner Parkplatz kommend, kann man wunderbar die linke Talseite bewandern. Dort eröffnet sich ein schönes Bergpanorama mit zahlreichen Bächen, die aus den Bergen ins Tal hinunterfließen, und urigen Hütten wie der Pöttinger Hütte oder Hagener Hütte, in denen Sie sich zwischendurch stärken können. Ca. 2 Stunden

Prossautal

Ein wunderschöner Weg führt in eines der vier Seitentäler Gasteins, vorbei am Grünen Baum bis zur Himmelwandhütte, in der Sie sich bei einem Schweinebratenbrot oder Heidelbeerstrudel laben können, oder Sie wandern gleich weiter zum Alpengasthof Prossau und belohnen sich mit einer frisch gefangenen Bachforelle. Ca. 2,5 Stunden

Reedsee

Er ist die wohl schönste Stelle im Gasteinertal, für die man die anspruchsvolle Wanderung gern in Kauf nimmt. Ein steiler Weg führt durch das Dorf Grüner Baum in Richtung Prossau, und vorbei an Latschenkiefern eröffnet sich auf über 1.200 Höhenmetern ein traumhafter Blick auf den Reedsee.,11 km, ca. 7 Stunden

Best of Delis:

Gasthof Gamskar

Bertl zaubert die besten Cremeschnitten weit über Bad Gastein hinaus – mit Johannisbeerblätterteig und seit 30 Jahren nach Geheimrezept. Und wenn im Ofen nicht gerade Brot gebacken wird, kommt man auch in den Genuss seines Kaiserschmarrns, der genauso Weltklasse hat. An einer

Hollerschorle nippend und die traumhafte Aussicht auf das Bergpanorama genießend, ist das das pure Glück.

Gamskarstraße 15
Tel: +43 (0)664 7820263
www.restaurant-gamskar.at
Dienstag – Sonntag 10.00 – 20.00,
durchgehend Küche bis 18.00 Uhr

Untere Astenalm

Die besten Bauernkrapfen isst man bei Heidi – und das täglich ab mittags frisch. Wenn Sie Glück haben, können Sie sogar bei der Zubereitung zuschauen. In heißem Öl ausgebackener Hefeteig mit Puderzucker bestreut und mit Heidelbeermarmelade serviert: ein wahres Geschmackserlebnis. Die perfekte Einkehr auf dem Sportgasteiner Almenweg.

Tel: +43 (0)664 5929063
Mitte Mai – Ende September,
Täglich 9.30 – open end

Himmelwandhütte

Wenn Sie das Angebot der Himmelwandhütte in vollen Zügen genießen wollen, dann teilen Sie sich am besten zuerst ein Schweinebratenbrot und danach einen Heidelbeerstrudel mit Schlagobers. Beides hat absolutes Suchtpotenzial.

Kötschachtal 50

Tel: +43 (0)6434 3837

Täglich 10.00 – 18.00 Uhr

Terrasse und grandiosem Blick ins Tal. Auch schön für einen Aperitif am Abend.

Villa Solitude

Köstlicher Kaiserschmarrn im Herzen Bad Gasteins mit einer traumhaften

Kaiser-Franz-Josef-Straße 16

Tel: +43 (0)6434 5101

Täglich 18.00 – 21.30 Uhr (Küche)

AN DEN SEE

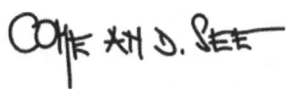

Der Seehof in Goldegg

Ein Haus direkt am See und wie aus dem Bilderbuch mit saftig grünen Wiesen, blauem Wasser und von den majestätischen Alpen umgeben.

In der fünften Generation und mit herzlicher Gastfreundschaft wird es von Sepp und Susi Schellhorn geführt und ist ein Hideaway für erholungssüchtige Genussmenschen. Hier können Sie den Fisch zum Abendessen selber fangen, in den Bergen picknicken, sich im Moorsee freischwimmen, im Winter Schlittschuh oder Ski laufen oder vor dem knisternden Kamin einfach nur relaxen.

Dazu bietet Sepp Schellhorns Haubenküche vom Frühstücksbuffet mit regionalen Produkten und dem 5-Gänge-à-la-carte-Menü am Abend

alles, was der Gaumen begehrt. Der größte Luxus aber ist, einfach nur hier zu sein und nichts zu tun, als die Schönheit dieses Ortes in vollen Zügen zu genießen.

Hotel Der Seehof

Goldegg am See (60 km südwestlich von Salzburg entfernt)

Tel: +43 (0)6415 81370

www.derseehof.at

Preise: 68 – 168 Euro pro Person inkl. Frühstück

Fuschlsee

Der sagenhaft schöne Fuschlsee liegt nur 20 Minuten von Salzburg entfernt, und wer die Ruhe und Abgeschiedenheit einer kleinen Bucht zum Glücklichsein sucht, ist hier bestens aufgehoben. Um diesen paradiesischen Ort (topasblaues Wasser inmitten eines grandiosen Bergpanoramas) in vollen Zügen zu

---

genießen, mieten Sie sich am besten im Ort Fuschl oder beim Bootshaus vom Schloss Fuschl eine „Zille", ein altes Holzboot. Denn vom See aus haben Sie den schönsten Blick auf das Schloss, das einst der Landsitz der Erzbischöfe war, die sich hier zur Jagd trafen, und später die Kulisse der Sissi-Filme.

An warmen Tagen sollten Sie auch unbedingt in den See springen, denn wo können Sie schon so schnell wieder in Trinkwasser schwimmen. Außerdem gehört zu jedem Ausflug nach Fuschl immer auch ein Besuch der Schloss-Fischerei, deren ofenwarme Räucherfische weit über die Region hinaus bekannt sind.

Schloss-Fischerei Fuschl
Schlossstraße 19 A
Hof bei Salzburg
Tel: +43 (0) 6229 22531533
Öffnungszeiten und Fischverkauf:
April – November:
Täglich 8.00–18.00 Uhr
Dezember – März:
Montag – Freitag 8.00–18.00 Uhr
Samstag 8.00–12.00 Uhr

DER FILM ZUR STADT

„The Sound of Music" (Meine Lieder, meine Träume), Regie: Robert Wise, 1965

Die Amerikaner in Salzburg sind vor allem aus einem Grund da: „The Sound of Music", das US-Remake der „Trapp-Familie". Darin passt die kecke Novizin Maria (Julie Andrews) auf die Kinderschar des granteligen Barons von Trapp (Christopher Plummer) auf und verliebt sich nach und nach in den Von und Zu. Bis heute prägt der Film, der im Salzburg 1938 spielt und auf wahren Begebenheiten beruht, das Bild Österreichs. Die Originalschauplätze erkennen Sie an den Fans, die sich dort fotografieren lassen. Aber Sie können auch unterschiedlichste „Sound of Music"-Touren buchen.

BUCHTIPP

„Der Keller" von Thomas Bernhard

„Der Keller" ist eines der fünf Bücher des großen österreichischen Schriftstellers, die er seine Autobiografie nennt. Darin erzählt Bernhard (1931–1989), wie er sich 1947 als Sechzehnjähriger vom Gymnasium lossagte und einen Job in einem Lebensmittelgeschäft in der Salzburger Scherzhauserfeldsiedlung annahm. In dem Wohngetto und umgeben von Besitzlosen und Ausgestoßenen fühlt sich sein Leben erstmals nicht sinnlos an.

SALZBURGER PERSÖNLICHKEITEN

Wolfgang Amadeus Mozart (1756–1791)

Mozart ist der große Sohn Salzburgs, auch wenn er später nach Wien abwanderte. Er war ein Wunderkind, spielte schon mit drei Jahren Klavier, komponierte mit vier Jahren kleine Stücke und trat, noch nicht einmal sechs, das erste Mal öffentlich in Salzburg auf. Mit 13 Jahren wurde er vom Erzbischof von Salzburg zum Konzertmeister ernannt, später schrieb er Werke wie „Die kleine Nachtmusik" und Opern wie „Die Zauberflöte" und „Don Giovanni".

Christian Andreas Doppler (1803–1853)

Was haben Flugzeuge, klopfende Herzen und die Sterne am Himmel gemeinsam? Ihre Geschwindigkeit wird mithilfe eines physikalischen Prinzips gemessen, das der Salzburger Physiker Christian Andreas Doppler erfunden hat. Heute wird der „Doppler-Effekt" nicht nur für die Radar-Geschwindigkeitsmessung von Fahrzeugen eingesetzt, sondern auch in der Medizin, der Astronomie, der Luftfahrt und der Technik.

Herbert von Karajan (1908–1989)

„Wer all seine Ziele erreicht, hat sie wahrscheinlich zu niedrig gewählt", meinte Herbert von Karajan und wurde einer der bedeutendsten Dirigenten des 20. Jahrhunderts. Er war Chefdirigent der Berliner Philharmoniker, künstlerischer Leiter der Wiener Staatsoper und der Salzburger Festspiele, gründete die Salzburger Osterfestspiele und spielte insgesamt 700 klassische Werke von über 130 Komponisten ein. Auf die Frage eines Taxifahrers, wohin er denn wolle, antwortete Karajan: „Wohin Sie wollen, ich werde überall gebraucht."

WICHTIGE INFORMATIONEN

Tourist Office:
Mozartplatz 5, Altstadt
Tel: +43 (0)662 88987330
Öffnungszeiten:
Nebensaison: Montag – Samstag
9.00 – 18.00 Uhr,
Hochsaison: Montag – Sonntag
9.00 – 19.00 Uhr

City-Websites:
www.salzburg.info

Telefonieren:
Österreich: +43
Salzburg: (0)662

Transport Flughafen:
Taxi / Altstadt: ca. 10 Min., 15 Euro
Buslinie 8 zum Herbert-von-
Karajan-Platz, ca. 15 Min., 2 Euro

Taxiruf:
8111 – (0)662 8111
2220 – (0)662 2220

Fahrradverleih:
Top Bike
Franz-Josef-Kai am linken
Salzach-Ufer zwischen Staatsbrücke
und Ferdinand-Hanusch-Platz
www.topbike.at

Täglich: April – Oktober 10.00 – 17.00
Uhr, Juli und August 9.00 – 19.00 Uhr

www.citybikesalzburg.at

Stadtmagazine:
Vision.Altstadt
www.visionaltstadt.at

Freitag:

Samstag:

Sonntag: